Entwicklung einer Marketingstrategie für ein Premium-Fitnessstudio in Magdeburg. Ein Fallbeispiel

Selina Latzko

Bibliografische Information der Deutschen Nationalbibliothek:

Die Deutsche Nationalbibliothek verzeichnet diese Publikation in der Deutschen Nationalbibliografie; detaillierte bibliografische Daten sind im Internet über http://dnb.d-nb.de abrufbar.

ISBN: 9783346343611
Dieses Buch ist auch als E-Book erhältlich.

Druck und Bindung: Books on Demand GmbH, Norderstedt Germany
Gedruckt auf säurefreiem Papier aus verantwortungsvollen Quellen

Das vorliegende Werk wurde sorgfältig erarbeitet. Dennoch übernehmen Autoren und Verlag für die Richtigkeit von Angaben, Hinweisen, Links und Ratschlägen sowie eventuelle Druckfehler keine Haftung.

Das Buch bei GRIN: https://www.grin.com/document/985354

Deutsche Hochschule für
Prävention und Gesundheitsmanagement
Hermann Neuberger Sportschule 3
66123 Saarbrücken

Hausarbeit (kollektive Prüfungsleistung)

Name, Vorname	Latzko, Selina Deirdre
Modul	Marketing I
Studiengang	Bachelor of Arts – Fitnesstraining
Datum Präsenzphase	02.09.2019 – 04.09.2019
Studienort	Eschborn, Frankfurt am Main
Gruppe bzw. zu bearbeitende Stadt	Magdeburg
Unternehmenstyp*	**Fitnessstudio im Premiumsegment**

* abhängig von Aufgabenstellung: jeweils den zu bearbeitenden „Unternehmenstyp" eintragen

Inhaltsverzeichnis

1 Marktbeschreibung/ - analyse

1.1 Allgemeine Informationen über den Unternehmenstyp

Bei dem geplanten Studio handelt es sich um ein Premiumstudio in der Stadt Magdeburg. In dem Fitnessstudio soll ein qualitativ hochwertiges Training angeboten werden, indem man von Personal mit hoher Fachkompetenz betreut wird. Als Hauptzielgruppe lassen sich Frauen und Männer des mittleren bis älteren Alters definieren, deren Einkommen hochnormal bis hoch ist. Sie legen viel Wert auf Qualität, persönliche und individuelle Beratung und eine hohe Fachkompentenz. Die Hauptzielgruppe beinhaltet Menschen, die viel Wert auf ihre Gesundheit legen und bei gesundheitlichen Problemen nach einer Problemlösung suchen. Zu den Zielen dieser Personen gehören der Erhalt, die Verbessrung und die Wiederherstellung der Gesundheit, egal ob nach einer Operation, einer Schwangerschaft oder ähnlichem. Danach wird die Positionierung auf dem Markt festgelegt. Das Premiumstudio soll sich von den anderen Fitnessstudios abheben und als Anlaufpunkt gesehen werden. Es liegt direkt an der alten Elbe und hat einen tollen Ausblick auf den Fluss. Das Studio bietet eine Vielzahl von verschiedenen Angeboten an. Darunter fallen Kurse wie, Yoga, Pilates, Zumba, Bauchkurs, Bauch Beine Po, Step Aerobic, Cycling, Jumping Fitness, Lift, Get Sexy, Rückenfit, Fit mit Baby, Taibo, Faszien, Body Art, Boot Camp. Es sind viele verschiedene Kurse vertreten und für jeden was dabei. Ein weiteres Angebot bietet der Wellnessbereich, welcher über eine finnische Saune mit Ruheraum und ein Schwimmbecken verfügt. Ebenso ist ein Solarium und eine Wassermassageliege vorhanden. Eltern oder werdende Eltern haben die Möglichkeit, ihr Kind währends des Studioaufenthalts in der Kinderbetreuung unterzubringen. Diese hat unter der Woche von 7-12 und 15-20Uhr geöffnet (Öffnungszeiten unter der Woche von 7-22Uhr, Wochenende/Feirtagen von 8-18Uhr) geöffnet. An Wochenenden und Feiertagen hat die Kinderbetreuung von 10-15 Uhr geöffnet). Weitere Angebote sind persönliche Ernährungsberatungen, kostenloser Parkplatz, Getränkeflatrate, kostenlose und unverbindliche Probetrainings und verschiedene Supplements wie Eiweißpulver, Eiweißriegel... Dies alles ist in einer einmaligen Servicepauschale in Höhe von 79,90€ zu entrichten.

Tab. 1: Produkt-, Preis- und Distributionspolitik des PremWork (eigene Darstellung)

Produktionspolitik	- Mitgliedschaften
	- Individuelle Trainingsbetreuung
	- Ernährungsberatung
	- Kinderbetreuung
	- Wellness mit Sauna, Schwimmbecken auf der Terrasse
	- Solarium
	- Wassermassageliege
	- Verkauf von Nahrungsergänzungsmitteln
Preispolitik	- Durchschnittlich 80€ im Monat
	- Einmalige Aufnahmegebühr von 79€ inkl. Parkausweis, Mitgliedsausweis, Getränkeflatrate inkl., Ernährungsberatung, Trainingsplanerstellung, Körperanalyse, regelmäßige Trainertermine im Abschnitt von 8-12 Wochen
Distributionspolitik	- Gerätetraining, Freihanteltraining, Zirkeltraining (milon), Kurse
	- Direkter Verkauf von Mitgliedschaften inkl. persönlicher Kundenberatung mit Mitgliedschaftsabschluss

1.2 Lage und Standort des Unternehmens

Das Premiumstudio befindet sich in Brückfeld, in der Musterstraße 10, in 39114 Magdeburg. Der Standort liegt direkt an der alten Elbe und verfügt über einen schönen Ausblick auf den Fluss. Des Weiteren befindet sich das Schwimmbecken auf einer Außenterrasse mit Blick auf die Elbe. Dort kann man prima abschalten und entspannen. Die Wahl fiel auf diesen Standort, da die Miete im Stadtteil Brückfeld, besonders an der alten Elbe, im Vergleich zu den anderen Stadtteilen Magdeburgs deutlich höher (Mitspiegel Magdeburg 2019). Außerdem ist in der Umgebung kein weiteres Premiumstudio vorhanden, daher ist die Konkurrenz als eher gering zu betrachten. Des Weiteren liegt das Studio in unmittelbarer Nähe von Restaurants, Cafés, Firmen und üppig gebauten Wohungen und Häusern. Die Hauptzielgruppe wird durch Bänker, ältere wohlhabende Menschen oder aber auch Familien optimal abgesprochen. Das Studio verfügt über einen großen Parkplatz und Parkhaus, welche beides kostenfrei von Mitgliedern mit Mitgleidsausweisen genutzt werden kann. Personen die ein Probetraining nutzen und mit dem Auto fahren, dürfen ebenfalls auf den Parkplätzen parken. Sie erhalten aus dem Studio einen vorrübergehenden Parkausweis. Dadurch hebt sich das Studio ebenfalls von den anderen Studios ab.

1.3 Bestimmung von zwei Marktgebieten

Die Bestimmung der zwei Marktgebiete erfolgt über die Zeit-Distanz-Methode. Dadruch werden zwei Marktgebiete dargestellt. Das Marktgebiet 1 ist innerhalb von 5-7 Minuten zum gewählten Standort zu erreichen. Marktgebiet 2 liegt zwischen 12-15 Minuten vom gewöhlten Standort entfernt. In der folgenden Abbildung werden die Marktgebiete, die Standorte der zwei stärksten Mitbewerber als auch der Standort des eigenen Unternehmens dargestellt (Maßstab: 2km = 1 Min.).

Abb. 1: Darstellung der Marktgebiete, eigene Darstellung

1.4 Makroumfeldanalyse und Abschätzung des Marktpotenzials

Unter Kaufkraft wird das frei zur Verfügung stehende Nettoeinkommen der Bevölkerung definiert. Dieses kann von den Bürgerinnen und Bürgern für den eigenen privaten Konsum verwendet werden. In Magdeburg liegt die Kaufkraft bei 88,1 von 100 (Michael Bauer, Research GmBH, Nürnberg). „Magdeburg ist die Landeshauptstadt von Sachsen-Anhalt und eines der ältesten Industriezentren Deutschlands. Aktuell entwickelt sich der Arbeitsmarkt gut: Laut der Magdeburger Agentur für Arbeit lag die Arbeitslosenquote für Mai 2018 bei 7,2 Prozent" (Schuldnerberatung.de).

Tab. 2: Altersstruktur der Magdeburger Hauptwohnsitzbevölkerung am 31.12.2018

Altersstruktur	Männlich	weiblich	Gesamt
0 - 6 Jahre	8.021	7.477	15.498
7 - 17 Jahre	10.472	9.883	20.355
18 - 44 Jahre	45.681	38.989	84.670
45 - 64 Jahre	31.559	31.422	62.981
ab 65 Jahre	24.282	34.384	58.666
Gesamteinwohner-zahl	120.015	122.155	242.170

Tab. 3: Marktgebiet 1, Bevölkerung nach Stadtteilen, Stand: 31.12.2018 (eigene Darstellung)

Stadtteil	Einwohnerzahl (in Tausend)	Stadtteil	Einwohnerzahl (in Tausend)
Brückfeld	3.107	Herrenkrug	1.327
Altstadt	16.287	Prester	2.096
Neue Altstadt	11.606	Cracau	8.356
Werder	3.103	Berliner Chaussee	2.327
Einwohnerzahl Marktgebiet 1	48.209		

Tab. 4: Marktgebiet 2, Bevölkerung nach Stadtteilen, Stand: 31.12.2018 (eigene Darstellung)

Stadtteil	Einwohnerzahl (in Tausend)	Stadtteil	Einwohnerzahl (in Tausend)
Brückfeld	3.107	Herrenkrug	1.327
Altstadt	16.287	Prester	2.096
Neue Altstadt	11.606	Cracau	8.356
Werder	3.103	Berliner Chaussee	2.327
Stadtfeld West	14.716	Neue Neustadt	15.736
Stadtfeld Ost	26.228	Nordwest	4.645
Pechau	526	Sudenburg	18.156
Neustädter Feld	9.771	Lemsdorf	2.269
Neustädter See	11.599	Leipziger Straße	15.336
Zipkeleben	214	Königsborn	492
Klein Gübs	343	Heyrothsberge	965
Biederitz	3.842	Industriehafen	158
Einwohnerzahl Marktgebiet 2	173.205		

Aus Marktgebiet 1 = 48.209 Einwohnern und Marktgebiet 2 = 173.205 Einwohnern ergibt sich eine Gesamteinwohnerzahl von 221.414. Nachfolgend wird das Marktpotential für das Marktgebiet errechnet. Dabei soll mit einem Marktpotential von 12% kalkuliert werden. Das Marktgebiet 2 soll mit einem Faktor von 70% gewichtet werden.

Rechnung:

Marktgebiet 1(MG1): 48.209 Einwohner

Marktgebiet 2 (MG2): 173.205 Einwohner

MG1 + MG2 = Mgesamt

MG2 x 0,7 = 173.205 x 0,7

  = 121.244 Einwohner

MG1 + MG2 = Mgesamt

48.209 + 121.244 = 169.453 Einwohner

Mgesamt x 0,12 = Marktpotential

169.453 x 0,12 = 20.334 Einwohner

Schlussfolgerung: Anhand der Rechnung wird deutlich, dass das Marktpotential in dem Marktgebiet bei 20.334 Einwohnern liegt.

1.5 Wettbewerbsanalyse

Tab. 5: Wettbewerbsanalyse (eigene Darstellung)

Eigenes Studio und Zwei Mitbewerber	HighLife (eigenes Studio)	Injoy Magdeburg	Workout Magdeburg
Produktionspolitik	- Mitgliedschaften - Individuelle Trainingsbetreuung - Training an Geräten, Zirkel (milon), Freihantel, Kurse - Ernährungsberatung - Körperanalyse - Kinderbetreuung - Wellness mit Sauna, Schwimmbecken auf der Terrasse - Solarium - Wassermassageliege - Parkausweis - Verkauf von Nahrungsergänzungsmitteln	- Mitgliedschaften - 10er - Karten - Individuelle Trainingsbetreuung - Training an Geräten, Zirkel, Freihantel, Kurse - Wellness mit Sauna - Verkauf von Nahrungsergänzungsmitteln	- Mitgliedschaften - 10er Karten - Tageskarte - Individuelle Trainingsbetreuung - Training an Geräten, Freihantel, Kurse - Verkauf von Nahrungsergänzungsmitteln und Sportbekleidung

Grundlegende Positionie-rung	- Individuelle Betreuung - Für JEDEN was dabei (große Vielfalt)	- Individuelle Betreuung - Abwechslungsreiche Trainingsgestaltung	- Individuelle Betreuung - Zielorientierte Trainingsplanerstellung
Stärken	- Hohe Qualität und Quantität der Trainier und des Trainings, Kurse, Kinderbetreuung etc. - Sehr familiär	- Sehr hygienisch sauber - Hohe Identifikation mit den Mitgliedern	- Modern - Hohe Servicequalität
Schwächen	- Kann auf Außenstehende arrogant wirken und abschrecken - Hoher Mitgliedsbeitrag (nicht für jeden bezahlbar, also auch nicht für jeden ansprechend)	- Keine große Vielfalt an Kursen - Nicht sehr familiär (keine hohe Identifikation mit den Mitgliedern)	- Nicht für alle Altersgruppen geeignet - Keine große Wellnessvielfalt (Sauna, Schimmbecken etc,)

2 Marketingplanung

Nachfolgend wird auf die einzelnen Aspekte eingegangen, die für eine Marketingplanung von Bedeutung sind.

2.1 Budgetplanung

Im Folgenden wird das Jahresmarketingbudget für das erste Geschäftsjahr anhand der Methode „Marketingkosten pro Neukunde" berechnet. Die erfahrungsgemäßen Marketingkosten belaufen sich auf 60€ pro Neukunde. Die geplante Mitgliederzahl sollte nach dem ersten Geschäftsjahr bei 1.200 Mitgliedern liegen.

Berechnung des Jahresmarketingbudgets: 1.200 x 60€ = <u>72.000€</u>

2.2 Kommunikationspolitik

Für die Vermarktungskampagne, welche zwei Monate vor der eigentlichen Unternehmenseröffnung beginnen soll, werden drei unterschiedliche Instrumente der Kommunikationspolitik angewendet, um möglichst viele Mitglieder für das Unternehmen zu gewinnen. Neben der Werbung wird, als klassisches Instrument der Kommunikationspolitik, die Verkaufsförderung eingeplant. Hierbei wird versucht durch Rabattaktionen oder Sonderangebote möglichst viele Neumitglieder zum Tag der Eröffnung zu werben. Als zusätzliches Intrument dient das Online- und Social Media Marketing, um eine möglichst hohe Reichweite zu erlangen. Durch das Online- und Social Media Marketing wird versucht, Personen deren Arbeit an elektronischen Geräten ausgeübt wird oder aber auch generell die Menschen, die heutzutage oft an den mobilen Geräten verbringen, aufmerksam auf die Eröffnung und das Sonderangebot zu machen.

Tab. 6: Konzept der Vermarktungskampagne (eigene Darstellung)

Ziel der Kampagne	Eine möglichst hohe Menschenmenge zu erreichen und für das Unternehmen zu begeistern und dazu zu gewinnen (hohe Neumitgliederzahl)
Inhalte der Kampagne	- Werbung durch Flyer, Plakate und Radio - Verkaufsförderung durch Rabattaktionen - Online- u. Social Media Marketing, um auch online die Kampagne publik zu machen
Zeitliche Organisation der Kampagne	- **6 Monate vor Eröffnung:** Verkaufsförderung; Welches Sonderangebot für die Eröffnung? - **5 Monate vor Eröffnung:** Festlegung der Werbungsgestaltung (Flyer, Plakate, Radio) - **4 Monate vor Eröffnung:** Festlegung der Onlinewerbegestaltung (Homepage und Social Media) und Eröffnung eines eigenen Unternehmenaccounts auf Facebook etc. + wann wird was gepostet?

	- **3 Monate vor Eröffnung:** Teammeeting: alle Mitwirkenden (Trainer etc.) werden genau in die Thematik eingeführt, Flyer; Plakate; werden gedruckt - **2 Monate vor Eröffnung:** Kampagnenstart, Posting auf Sozialen Medien, Aushang von Plakaten und Flyern - **1 Monat vor Eröffnung:** - **1 Woche vor Eröffnung:** Nochmaliges Teammeeting für Mitarbeiter (Informationsaustausch über das anstehende Sonderangebot), offene Fragen klären, Organisatorisches für die Eröffnung: Materialien für die Eröffnung (Mitgliedschaften, Sekt, Obst), Ablauf am Tag der Eröffnung - **1 Tag vor Eröffnung:** Posting auf den Sozialen Medien (Aufmerksamkeit nochmal wecken!) - **Tag der Eröffnung:** Beginn des Sonderangebots für 2 Monate
Überprüfung des Erfolges der Kampagne	Inhalt-Ausmaß-Zeit- Plan: Soll-Zustand gleich Ist-Zustand?

2.3 Werbeplanung

Nachfolgend werden im Rahmen der Werbeplanung drei Werbemittel samt Werbeträger aufgeführt, welche die Zielgruppe ansprechen soll.

Als Werbebudget stehen dem Unternehmen 20% des Jahresmarketingbudgets zur Verfügung. Da das Jahresmarketingbudget 72.000€ beträgt, stehen als Werbebudget 14.400€ zur Verfügung.

Tab. 7: Werbemittel samt Werbeträger (eigene Darstellung)

Werbemittel	Werbeträger	Begründung
Flyer	Außenwerbung (durch interne Verteiler)	Große Weichreite, da es überall wo man möchte, verteilt wird. Kann auch in Kindergärten etc ausgelegt werden (Teil der Zielgruppe = Eltern)

Plakate	Außenwerbung (Externer Anbringer)	Großformatiges visuelles Kommunikationsmittel, welches einfache und klare Werbebotschaften mit Hilfe von Bildern vermittelt
Radiospot	Begleitmedium/ Werbefunk	Große Reichweite, da nahezu in jedem Haushalt vorhanden und genutzt wird, auch zb. beim Frühstück, bei der Autofahrt oder am Arbeitsplatz

2.4 Kostenkalkulation / Budgetvergleich bei der Werbeplanung

In der nachfolgenden Tabelle wird die Kostenkalkulation für die Werbeplanung dargestellt. Für die Werbeplanung stehen 14.400€ zur Verfügung.

Tab. 8: Kostenkalkulation für die Werbeplanung (eigene Darstellung)

Was wird gemacht?	Wer ist der Anbieter?	Anzahl und Kosten
Außenwerbung, Anbringung der Plakate (Großfläche ,beleuchtet; Litfaßsäule)	Crossvertise	Anbringung für 11 Tage, in naher Umgebung des Studios, radius von 2km Friedrich-Ebert-Str./Brückenmeisterei (1/2) Beleuchtung : beleuchtet Klebeblock : A 14,60 EUR/Tag inkl. Montage = 14,60 x 11 = 160,60€ Cracauer Str/Ecke Turmschanzenstr. 2/quer (City-Star-Board) 39,60 € x 11 = 435,60€ Cracauer Str. 60/Zufahrt Edeka 18,00 € x 11 = 198€ Cracauer Str. 59/Fr.-Ebert-Str 37,80 x 11 = € 415,80€ Friedrich-Ebert-Str. 68/nh. Mühlweg/rts 9,40 € x 11 = 103,40€ Berliner Chaussee 77 23,20 € x 11 = 255,20€Jerichower Str. Nh. Raguhner Str. 34,90 € x 11 = 383,90€ Jerichower Str./Elbauen 18,70 € x 11 =205,70€

		Berliner Chaussee geg. Herren-krugstr. 19,80 € x 11 = 217,80€ Brückstr./Herrenkrugstr. 21,60 € x 11 = 237,60€ Brückstr./Heumarkt saw. RS 9,60 € x 11 = 105,60€ Brückstr. geg. Bandwirkerstr. 15,70 € x 11 = 172,70€ Brückstr./Heumarkt sew. 15,10 € x 11 = 166,10€ Brückstr./Heumarkt saw. 13,90 € x 11 = 152,90€ = **3.210,90€**
Druckerei für Flyer	Wir machen Druck	170.000 Flyer (DIN A6) = **442,18€**, für jeden Haushalt einen Flyer = 169.453 Haushalte
Flyerverteilung	Caluma	Ca. 46 Stdt. Flyerverteilung 17,04€/h = **783,84€**
Druckerei für Plakate	Wir machen Druck	10 Neon Plakate B0 = **90,87€**
Radiospot	Crossvertise	Radiosender: MDR BASIC - Durchschnittspreis (EUR/s, Mo-Fr) =74,84€ 1 Woche: Wochentage: Mi, Fr, Mo von 09:00 bis 15:00 Uhr Spotlänge: 20 Sekunden, Spotproduktion: 429,00 €, Anzahl der Spots: 6, Gesamtlänge: 120 Sekunden Gesamtpreis: **8.997,00 €**
Gesamtausgabe		**13.524,79**

Die Gesamtkosten der Werbemaßnahmen betragen 13.524,79€ und liegen unter den 14.400€, die für die Werbeplanung zur Verfügung standen. Um zukünftig die Werbeplanung zu optimieren, sollte das nächste mal das vollständig zur Verfügung stehende Budget ausgegeben werden und somit eventuell die Werbung noch mehr publik zu machen. Wenn es das Budget zulässt, würde sich für das nächste mal eventuell auch ein kleiner Videospot im Kino oder TV anbieten, wodurch dann aber die Außenwerbunng (mit Flyern etc.) minimiert werden muss. Ansonsten wurden durch diverse unterschiedliche Außenwerbungen und Radiowerbung die Eröffnung weiträumlich publik gemacht.

2.5 Synergieeffekte im Rahmen der Kommunikationspolitik

Die Synergieeffekte sind wichtig für das Unternehmen, da durch Kooperationen mit anderen Unternehmen die Kosten gesenkt werden könnten, wenn zum Beispiel bei Festen oder Events die verschiedenen Studios das Geld zusammenlegen und eine große Veranstaltung daraus machen. Ebenfalls senken sich dadurch auch die Personalkosten. Durch die Synergieeffekte werden des Weiteren ein größerer Kundenstamm angesprochen, Die Studios profitieren voneinander (Kundenstamm wird erhöht; Studio wird noch mehr publik; große Aufmerksamkeit auf die Unternehmen).

3 Abschlussstatement

Die Attraktivität der Stadt Magdeburgs stellt sich im Bezug auf die gesamte Unternehmensgruppe als hoch dar. Das Premium-Studio liegt im Stadtteil Brückfeld, wo das Einkommen der Bewohner im Vergleich zu den anderen Stadtteilen hoch ist, welche sich eine Mitgliedschaft in einem Premiumstudio leisten können und viel Wert auf ihre Gesundheitlegen „koste es was es wolle". Das Studio liegt direkt an der Elbe und hebt sich durch verschiedene Exklusivitäten, wie zum Beispiel ein Schwimmbecken auf der Terrasse mit Blick auf die Elbe oder ein persönlicher Parkausweis etc., von den anderen Studios ab. Das Discount-Studio liegt im bevölkerungsreichsten und dichtesten besiedelten Stadtteil, im Stadtfeld Ost, in dem zum größten Teil Familien und Studenten leben, deren Einkommen eher schwächer ist. Diese haben durch das Discount-Studio dennoch die Möglichkeit, für weniger Geld in ihre Gesundheit und Fitness zu investieren. Das Gesundheitsstudio liegt im Stadtteil Werder, direkt an der Elbe in ruhiger Lage, was für ein Gesundheitsstudio von Vorteil ist. In Werder ist die Miete im Vergleich zu den anderen Statteilen Magdeburgs hoch, wodurch auch das Einkommen der meisten Bürger in dem

Staddtteil gut ist, welches sie in ihre Gesundheit investieren können. In der Altstadt liegt das Fitnessstudio für Frauen, da dort am meisten Frauen im Alter der Zielgruppe leben. Des Weiteren liegt es zentral am Hauptbahnhof und ist sehr gut durch die öffentlichen Verkehrsmittel und Autos zu erreichen. Das Functional-Studio liegt im Stadtfeld Ost (bevölkerungsreichster und dichtesten besiedelter Stadteil). Viele jüngere Menschen werden aufmerksam auf Functionaltraining und wollen dies ausprobieren und kennenlernen. Generell passt die Lage von den jeweiligen Studios.

4   Literaturverzeichnis

Amt für Statistik, Wahlen und demografische Stadtentwicklung, *Bevölkerung und Demografie 2019*. Zugriff am 12.10.2019. Verfügbar unter https://www.magdeburg.de/PDF/Heft_104_Bevölkerungsbroschüre_2019.PDF?ObjSvrID=37&ObjID=38422&ObjLa=1&Ext=PDF&WTR=1&_ts=1565180460

Amt für Statistik, Wahlen und demografische Stadtentwicklung, *Magdeburg in Zahlen 2019*. Zugriff am 12.10.2019. Verfügbar unter https://www.magdeburg.de/PDF/Magdeburg_in_Zahlen_2019.PDF?ObjSvrID=37&ObjID=39241&ObjLa=1&Ext=PDF&WTR=1&_ts=1569241038

Caluma . *In Magdeburg Flyer-Verteiler finden und buchen*. Zugriff am 12.10.2019. Verfügbar unter https://caluma.jobs/flyer-verteiler-buchen/#1517760619622-a4292579-8703

Crossvertise. *Radiowerbung Magdeburg*. Zugriff am 12.10.2019. Verfügbar unter https://market.crossvertise.com/de-de/mdr-basic-/media/radio/details/682817?spotsPerDay=6&isBudgetFixed=true&budgetValue=9000&campaignStartDate=23.10.2019&campaignDuration=1&weekDaysSelected=1,3,5&dayHoursSelected=1&packageVariantId=1433

Crossvertise. *Plakatwerbung Magdeburg*. Zugriff am 12.10.2019. Verfügbar unter https://market.crossvertise.com/de-de/media/ooh/map?AddressMap=Br%C3%BCckfeld%2C+Magdeburg%2C+Deutschland&SwLat=&SwLng=&NeLat=&NeLng=

Mietspiegel Magdeburg 2019. Zugriff am 12.10.2019. Verfügbar unter https://www.wohnungsboerse.net/mietspiegel-Magdeburg/7772

Michael Bauer Research GmBH. *Kaufkraft 2019 in Deutschland*. Zugriff am 12.10.2019. Verfügbar unter https://www.mb-research.de/_download/MBR-Kaufkraft-Kreise.pdf

Schuldnerberatung in Magdeburg. *Kompetente Hilfe bei einer Verschuldung*. Zugriff am 12.10.2019. Verfügbar unter https://www.schuldnerberatung.de/beratungsstellen/magdeburg/

Wir machen Druck GmBH. Zugriff am 15.10.2019. Verfügbar unter https://www.wirmachen-druck.de/plakat-b0-1000-x-1400-cm-einseitig-schwarzweiss-bedruckt-10.html#content-view